4歳児のからだでワクワク表現あそび

監修 芸術教育研究所　編著 劇団風の子東京　福島康・大森靖枝

黎明書房

はじめに

　4歳児の発達を考えますと，運動面では，大人と変わらない歩き方や細かな動作もできるようになってきます。
　運動の基本的動作である手や足の運動を重視して，ケンケンやスキップをする，平均台を渡る，鉄棒にぶら下がって移動する，床ででんぐり返しをするなどの多彩な運動を表現あそびの中にも取り入れて，その能力を高めていくことが大切です。
　本書での表現あそびには，動物や虫などの様々な生き物になりきって身体を動かしていくもの，表現あそびするものが多く含まれています。
　例えば，「ねこ」と「かえる」の歩く・跳ぶ・食べるという基本的な動作を見てもわかるように，両者は，子どもたちが体全体を使って表現する（運動する）という点では同じですが，動かす部位や動かし方は違ってきます。自分で考えて動く，楽しく動くことで，さらに子どもの運動能力と表現力の発達がうながされます。

　言語面では，語彙の増加が目覚しいころで，単にセリフを覚えて演じることも可能ではあります。しかし，友だちとの対話を通して，ストーリーをつくり上げていく方が，言語活動・言語表現を豊かにします。
　また，4歳児は，自ら友だちやその他の周りの人と関わっていくという社会性が発達する時期です。まだ自己中心的なところがあって当然であり，一時期はあの友だちと遊んでいたのに，最近ではこの友だちと遊ぶというように，仲間を求めたり，分かれたり，相反したりしながら，友だちの受け入れ方，関わり方も学習しています。
　そこでは，自分の考えをいかに相手に伝えるか，相手が何をしたいかをいかに知ることができるかという能力，つまり，お互いを理解するのに必要な表現力・観察力・理解力を高める必要があります。
　子どもたちのそういった能力は，幼稚園・保育所などの集団の中で，様々な活動・あそびを通して獲得していきます。その能力は自由に遊ばせておいても育つことと思いますが，「表現あそび」をきっかけにすることによって，さらに深まっていきます。

　本書では，プログラムごとの流れをつかんでいただくために，「内容と展開」を掲載していますが，保育者が子どもたちと一緒に，一つひとつの段階を楽しんで，変化・発展させながら展開していただきたいと思います。
　また，導入の仕方も毎回先生が声をかけてリードする必要はないと思います。例えば，絵本仕立ての『先生も子どももできる楽しいなりきりあそび』（黎明書房）を読み聞かせると，絵本の中の心地よい語りかけと楽しそうな動きに誘われて，子どもたちは表現あそびを始めます。
　そうしていくうちに，子どもたちと保育者とで発表会をしたくなる演劇作品が出来上がっていくはずです。
　発表会のためのプログラムを練習するのではなく，子どもたちと日常的に楽しんだあそびを作品に仕上げて，発表会をしていきましょう。きっと，子どもたちが活き活きと演じる感動の作品となることでしょう。

もくじ

はじめに 1

1章　身体表現のためのワクワク基本動作

1　いろいろな歩き方とあいさつ 5
2　生き物になって歩く 6
3　リズムにのって 7
4　いろいろなリズムで歩く 8
5　いろいろな花火 9

2章　生き物になってワクワク遊ぼう

6　かえる 11
7　かまきり 12
8　くわがた 13
9　いも虫からちょうちょへ 14
10　花畑とちょうちょ 15
11　だんご虫のでんぐり返し 16
12　ねこのねこ語 17
13　鳥の親子とわし 18
14　かるがもの親子 19
15　りす 20
16　さる（日本ざる） 21

| 17 | きょうりゅう（肉食恐竜） 22 |
| 18 | う　　ま 23 |

3章　身体表現を楽しむワクワク集団あそび

19	なに食べてるか？ごっこ 24
20	きゅうりごっこ──スキンシップあそび 26
21	いろんないろんな顔ごっこ 28
22	船ごっこ 30
23	まねっこ探検隊 32

4章　言葉も楽しむワクワク表現あそび

| 24 | いろんないろんな「こんにちは！」 34 |
| 25 | ○○○国の言葉ごっこ 36 |

5章　布を使ったワクワクなりきりあそび

26	かべくぐり 38
27	ソリごっこ 40
28	うまごっこ 42
29	大へびごっこ 44

6章　新聞紙を使ったワクワク表現あそび

30	レストランごっこ 46
31	魔法の玉あそび 48
32	魔法の紙あそび 50
33	雪だるまごっこ──おかたづけあそび 52

7章　4歳児の発表会に向けて──
先生と子どもが一緒にするワクワク劇ごっこ

- ●劇の発表会について 54
- **34** 魔法使いの誕生日 56
- **35** 動物村のまねっこまねっこ探検隊 60

1章 身体表現のためのワクワク基本動作

※**ねらい**──「歩く」運動は，全身的な運動能力・表現能力の発達の第一の基本です。
- つま先歩き，かかと歩きをすることで身体のバランスをとれるようにする。
- ももを高く上げたり，床を強くふみつけたり，ジャンプしたりすることで，身体のバランスをとったり，足の筋肉を強くする。
- 足の裏をすぼめて歩くことにより，土踏まずの形成をうながす。

1 いろいろな歩き方とあいさつ（3・4・5歳児共通）

♡ポイント
- 歩く前につま先立ち，かかと立ち，足をすぼめる練習をする。
- 正確にできなくても，それらしい形ができたら歩く。
- くり返しやることが大切。

場所	主として室内
人数	30人くらいまで
隊形	一重円，内側向き

☆内容と展開

① 手をつなぎ，一重円をつくる。

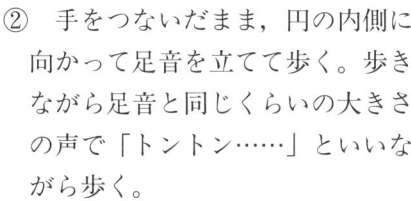

② 手をつないだまま，円の内側に向かって足音を立てて歩く。歩きながら足音と同じくらいの大きさの声で「トントン……」といいながら歩く。

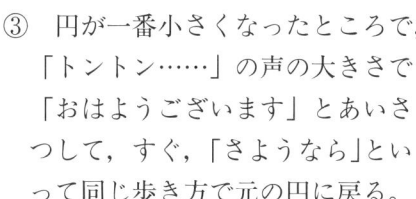
おはようございます

③ 円が一番小さくなったところで，「トントン……」の声の大きさで「おはようございます」とあいさつして，すぐ，「さようなら」といって同じ歩き方で元の円に戻る。

さようなら

④ 同様に，つま先歩き，かかと歩き，足の裏をすぼめて歩くのも行う。

   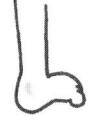
ふつうに歩く　つま先歩き　かかと歩き　足の裏をすぼめて歩く

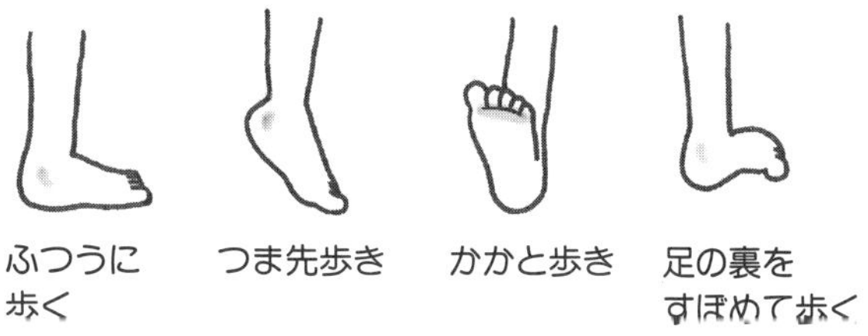

◎アドバイス
- 4歳児の歩き方はほぼ大人と同じになるが，細かな動きがまだ完成していないので，つま先と足の裏を意識するように，時々声かけする。

2 生き物になって歩く

♡ポイント
- 動物になりきって,「1 いろいろな歩き方とあいさつ」をする。
- あいさつのしかたも工夫する。

場所	主として室内
人数	30人くらいまで
隊形	一重円,内側向き

☆内容と展開

① つま先歩きやかかと歩きをした後に,「うさぎになって歩いてみよう」などと声をかけて,各々ポーズを考えて歩く。

② 円の中央でするあいさつも,頭を下げるだけでなく,耳を表現している手を下げたり,お隣同士触れ合ったりするなど工夫する。

③ ねずみにもなって,歩いてみる。あいさつは,「チューチュー」と鳴き声でもよい。

◎アドバイス
- 動物の表現をじっくり考えるのも大切だが,ここでは各自のひらめきで自由に動いてみる。
- ポーズを一つにそろえる必要はない。

1 身体表現のためのワクワク基本動作

3 リズムにのって （3・4・5歳児共通）

♡ポイント
- 足踏みは，ももを高く上げることを目標に。
- ジャンプは，高く跳び上がる練習をする。
- リズミカルな動きが最も重要。

場所	主として室内
人数	何人でもよい
隊形	一重円，横向き

☆内容と展開

適当なメロディーをつけて歌いながら，歩いたり，ジャンプしたりする。

① 「♪足踏み　足踏み　タンタンタン」
　…元気よく足踏みをする。
② 「♪足踏み　足踏み　タンタンタン」
　…拍手を7回。
③ 「♪足出して　足出して　タンタンタン」
　…両手を腰において片足を前に出し，かかとを床につける。その足をひっこめて両足をそろえる。これを4回する。
④ 「♪足出して　足出して　タンタンタン」…拍手を7回。
⑤ 「♪ピョンと跳んで，ピョンと跳んでタンタンタン」…両足をそろえてその場で4回跳ぶ。
⑥ 「♪ピョンと跳んで，ピョンと跳んでタンタンタン」…拍手を7回。

①　②　③　④　⑤　⑥

⑤の発展

◎アドバイス
- 4歳児では，リズミカルに大きな動作で表現できるように，逆に，小さな表現でもやってみる。

片足出して　　ひっこめて　　ジャンプしながら前進

4 いろいろなリズムで歩く (4・5歳児共通)

〈ケンケン〉

場所	主として室内
人数	30人くらいまで
隊形	自由

♡ポイント
■ 利き足でない方でも，リズミカルにケンケンする。

☆内容と展開
① 音楽に合わせて，ケンケンしながら進む。
② 慣れてきたら，強弱をつけてみる。例えば，1拍目は大きく跳び，後は小さくケンケンする。
③ 反対側の足でもやってみる。

〈忍者歩き〉

場所	主として室内
人数	30人くらいまで
隊形	自由

♡ポイント
■ ゆっくり静かに，リズミカルに歩く。

☆内容と展開
① 音を立てない歩き方を，子どもたちが各々考えてやってみる。
② ゆっくりと歌を歌ったり，音楽を流したりしながら忍者歩きをする。

〈いも虫歩き〉

♡ポイント
■ 2〜4人組で，リズミカルに歩く。

☆内容と展開
① 2〜4人がしゃがんで歩く練習をする。
② 「♪いもむし ゴロゴロ ひょうたん ポックリコ」などの歌を歌いながら，同じリズムでゆっくりと歩く。

場所	主として室内
人数	30人くらいまで
隊形	一列縦隊

5 いろいろな花火

〈打ち上げ花火〉（3・4・5歳児共通）

場所	室内，野外
人数	何人でもよい
隊形	一重円，内側向き

♡ポイント
- 動作は大きく，ジャンプも高く跳ぶつもりで。
- 大きな声で「ドーン！」といおう。
- 保育者が火をつけるまねをして一斉に跳んだり，保育者が火をつけた順に跳んだりする。

☆内容と展開

① 一重円をつくり，内側を向く。
「みんなは，花火をしたことがありますか？　空に上がる大きな花火を見たことがありますか？」などとなげかけ，花火について話をする。

② 「これから，みんなが花火になります。保育者が火をつけて回り，『ヒュー，はい！』といったら，『ドーン！』といって高く跳びましょう！」と伝える。

◎アドバイス
- 保育者が火をつけた順番に跳び上がるのも楽しい。
- 二重円になり，内側と外側が時差で跳ぶのもよい。

〈ロケット花火〉（4・5歳児共通）

♡ポイント
■ なるべく早く走る，大きく跳ぶという運動を楽しくうながす。

場所	室内，野外
人数	何人でもよい
隊形	一列横隊

☆内容と展開

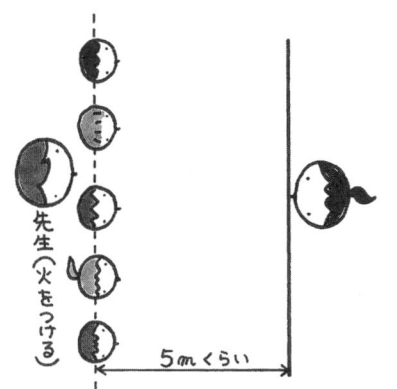

① 横一列に並んで，保育者が後ろで火をつけるまねをしたら，一斉に走り出す。(5mくらい)

② 床の線のところ（もう1人の保育者が立っている）で，「ドーン！」といって大きく跳び上がる。

〈線香花火〉（4・5歳児共通）

♡ポイント
■ お互いの動きを見ながら，表現の仕方のバリエーションを楽しむ。

場所	室内，野外
人数	何人でもよい
隊形	自由

☆内容と展開
① 線香花火について話し合う。
② 保育者が火をつけたら，初め小さく手を動かし，だんだん大きな動きにして線香花火を表現する。
③ 最後にまた小さくなって，ポトリと落ちるところまで表現する。

◎アドバイス
● 線香花火の表現は，座った状態でも，立ってでもよい。個々の子どもたちが自由に表現する。

2章 生き物になってワクワク遊ぼう

❄ねらい
- 身近にいる生き物を観察し、その生き物のまねをすることで、なりきりあそびの楽しさを味わう。
- 心身の成長発達をうながす運動を生き物の動きで楽しみながら、表現力の発達をうながす。

6 かえる

♡ポイント
- しゃがんで跳び上がるという「かえる跳び」の練習をする。
- かえるの鳴きまねをしながら動く。

場所	屋内、野外
人数	何人でもよい
隊形	自由

☆内容と展開
① かえるの動きや鳴き声など、知っていることについて話し合う。
② かえるの鳴きまねをしたり、歩いたりしてみる。

③ 「かえる跳び」の練習をしてから、どこまで跳べるか、どれだけ高く跳べるか競争してみる。

かえる跳び

◎アドバイス
- 体操教室ではないので、上手に跳ぶことだけでなく、「かえる」を演じることをわすれないようにする。

7 かまきり

♡ポイント
- ゆっくりの動きと，素早い動きの表現の違いを知る。
- かまきりのかまの形を，手で表現してみる。

❏準備するもの
- 室内では平均台，跳び箱，野外では遊具。

場所	室内，野外
人数	何人でもよい
隊形	自由

かまきりのかまの形

☆内容と展開
① 「かまきり」について知っていることを話し合う。
② かまきりの特徴である「かま」の形と動きを練習する。

威かくする　　歩く　　飛ぶ

かまきりのいろいろな動き

③ かまきりなって遊ぶ。高いところに移動したり，飛んだりもする。

④ えさである虫がくるのをじっと待つ。虫がきたら，サッとかまを振ってとるまねをする。

えさをじっと待つ

サッとかまを振る

◎アドバイス
- 「あなたはどんな虫を待っているの？」などと声をかけて，えさとして狙っている虫を想像させることも大切。

2 生き物になってワクワク遊ぼう

8 くわがた

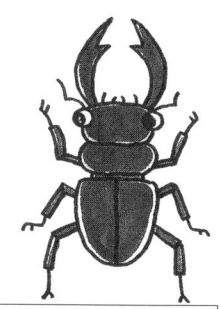

♡ポイント
- くわがたの本来の姿である食事の仕方や，争うことを知る。
- 2人組でお互いの様子を見ながら動く。

場所	室内，野外
人数	何人でもよい
隊形	自由

蜜を吸う

蜜をさがして歩く

室内では壁を木に見立てて

野外では木で

くわがたの相撲

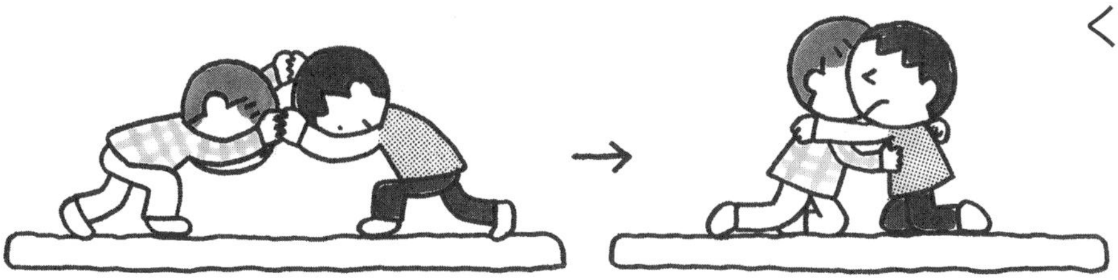

ハサミを合わせて

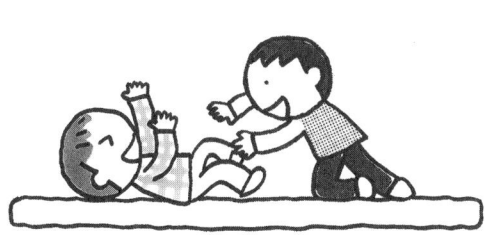

↓

勝ったら蜜を吸う

負けたら蜜をさがしに行く

☆内容と展開
① 「くわがた」について知っていることを話し合う。最近では，買ってくるものと思っている子もいるので，自分で捕ったことのある子がいたら，どんなところにいるのか，どんな方法で捕るのか話してもらう。
② くわがたが蜜をさがしてゆっくり木の幹を歩くところや，蜜を吸うところの動きを演じてみる。子どもたちの誰もが知らなかったら，保育者がやってみせる。
③ 2人組になって，蜜をめぐる勝負として相撲をやってみる。

◎アドバイス
- デパートなどでしか見たことがない子もいるので，絵本・図鑑などを利用して自然な姿を知ることが必要。
- 相撲は危険防止のため，マットなどを敷いて，低い姿勢で取る。

9 いも虫からちょうちょへ

♡ポイント
- いも虫が前進する一連の動作を表現する。
- いも虫がさなぎになり，さなぎがちょうちょになる過程を表現する。

場所　室内，野外
人数　何人でもよい
隊形　自由

ちょう

☆内容と展開
① いも虫を見たことがある子たちがいたら，演じてもらう。
② 次に保育者が，いも虫の前進する動きを演じてみせ，みんなでまねる。
③ いも虫がさなぎになってしばらくじっとしていてから，ちょうちょになる一連の成長を知っている子どもがいたら話してもらったり，図鑑や写真などを見せながら保育者が話したりする。

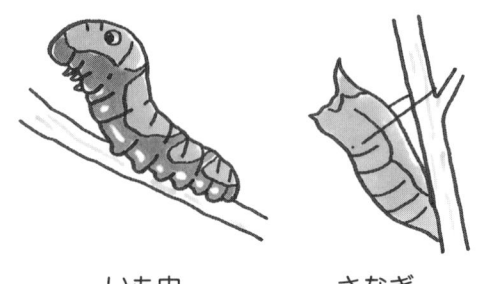
いも虫　　さなぎ

いも虫が前進する

④ さなぎの形やちょうちょへ羽化する様子は，自分なりの表現を考えてみる。

さなぎの表現

◎アドバイス
- みんなで同じポーズをするのではなく，それぞれが想像する表現になっていればよい。
- さなぎの表現は，ポーズをとったらしばらくじっとしていること。
- 羽化の表現は，羽をゆっくりと少しずつのばすこと。

さなぎが，ちょうちょに羽化するところ

2 生き物になってワクワク遊ぼう

10 花畑とちょうちょ

♡ポイント
- 花役とちょうちょ役が，会話しながら動くことが大切。
- 「9いも虫からちょうちょへ」のプログラムを行った後に，連続して行うとよい。

場所	室内
人数	何人でもよい
隊形	自由

☆内容と展開
① ちょうちょ役と花畑の役に，分かれる。
② 何の花畑になるか，どのようなポーズにするのか，子どもたちで話し合って決める。

③ ちょうちょは飛び回り，花と会話する。

◎アドバイス
- 身体表現をしながら会話することは，あんがい難しいので，時折，保育者が「みんなお腹がすいたかな」「夜になったね」などと，場面の変化をつける言葉をかけるとよい。

11 だんご虫のでんぐり返し

場所	室内
人数	何人でもよい
隊形	自由

♡ポイント
- 誰かにつついてもらうまで，じっと待つ。つつかれたら，でんぐり返しをするという静と動の動きを楽しむ。

☆内容と展開
① だんご虫を集めたり，さわったりして遊んだことのある子どもは多いので，その様子を話してもらう。

② だんご虫のまねのできる子たちに演じてもらってから，みんなでだんご虫になって遊ぶ。

歩いている

丸まっている

誰かがつつくと

ひっくり返っている

誰かがつつくと

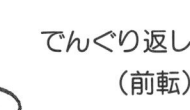
でんぐり返し（前転）

③ 保育者が，「つつかれたらどうなるのかな」と，だんご虫になっている子どもの背中をつついてみる。
つつかれた子どもは，できるだけ小さく丸くなり，転がる。

横に転がる

◎アドバイス
- つつかれたら転がる動作では，前転してもよいし，横に転がってもよい。

12 ねこのねこ語

♡ポイント
- ねこの動作とともに，ねこ語で会話しながら，様々な動きやあそびを楽しむ。

☆内容と展開

場所	室内，野外
人数	何人でもよい
隊形	自由

① ねこについて，自由に話し合う。

② 四本足になって，背中を上げたり下げたりする「ねこ体操」をする。

③ ねこになりきりながら，いろいろな動作やあそびをしてみる。ねこ同士が出会ったら，会話もねこになりきって話す。例えば，
「ニャー」
「ニャーニャーニャー（ごはん，食べたいよー）」など。

顔を洗う　　のびをする　　怒る

寝る

◎アドバイス
- 「ねこ体操」では，手（前足）をしっかりと床や地面について，身体を支えること。

13 鳥の親子とわし

♡ポイント
■ 親鳥とひな,そして,わしとの関わり方の違いを演じながら楽しむ。

場所	室内,野外
人数	何人でもよい
隊形	自由

☆内容と展開

① 親鳥がひなを育てる絵を見せたり,話をしてあげたり,子どもからも発言させながら,鳥の親子の関わりを知る。

② 4～5人のグループで,親鳥とひなの役に分かれて,子育てごっこをする。

えさをさがしてきて,ひなにやる

③ 十分に子育てごっこを楽しんでから,次に,ひなを襲うわしの話をする。みんなで,わしになって勇壮に飛び回る。

わしになって飛び回る

わしが襲う

④ 親鳥,ひな,わしの役を決め,ひなを襲うわしと,それをかばってわしと戦う親鳥を演じる。

親鳥が戦う

◎アドバイス
● 親鳥,ひな,わしの役は固定させずに,いろいろな役を経験させる。

14 かるがもの親子

♡**ポイント**
- 親の後について集団行動する子がもになって，動くことを楽しむ。

☆**内容と展開**
① かるがもについて，知っていることを話し合う。
② 初めは，保育者が親がもになって，「これから，道路を渡って，人間が大勢いるところを通って池まで泳ぎに行きます。しっかりと私の後について来るのですよ」などと話し，子がもがそれに答えるように対話しながら，集団で歩き回ってみたり，池の中で泳いだりする。

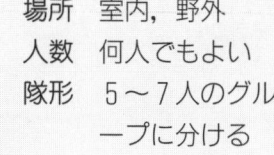

場所	室内，野外
人数	何人でもよい
隊形	5～7人のグループに分ける

③ 慣れてきたら，5～7人を1グループにして，親がもと子がもの役を決める。

④ グループごとに，親鳥が子がもに声をかけながら動いてみる。

◎**アドバイス**
- 親がものせりふはできるだけ，子どもたちに考えさせる。
- 急ぐのではなく，集団がまとまって行動することを大切にする。
- 夏はプールの中で行うのも楽しい。

15 りす

♡ポイント
- 四本足で歩く軽快な動きや食事の様子を、表現して楽しむ。

場所	室内，野外
人数	何人でもよい
隊形	自由

❑準備するもの
- 室内では平均台など、野外では遊具。

☆内容と展開
① りすについて、知っていることを話し合う。
② りすになって自由に表現してみる。歩いたり、走ったり、木の実を取って食べる、ほほに入れて運ぶなどのまねをして遊ぶ。

③ 平均台などを利用して、行動する場所に変化をつけて、追いかけっこなどをして遊ぶ。

◎アドバイス
- 屋外では、園庭の遊具や木、砂場なども活用する。
- りすの食事する口元は、忙しく小刻みに動かす。

2 生き物になってワクワク遊ぼう

16 さる（日本ざる）

♡ポイント
- 人間に近い行動をするさるになりきって遊ぶ中で、さると人間の違いを知る。

場所	室内，野外
人数	何人でもよい
隊形	自由

❏準備するもの
- 室内では跳び箱などの遊具，野外では鉄棒などの遊具。

☆内容と展開

① さるについて知っていることを，自由に話し合う。

② 保育者から，さるの特徴について話をする。特に「手」が人間と同じように様々なことができることなど。

③ 四本足になって歩いたり，鉄棒などを枝に見立ててぶらさがったりして遊ぶ。

④ 適当なところで，「お昼ですよ。えさはこっちです」といって，えさをまくまねをするとみんなが集まってきて，食べるまねをして遊ぶ。えさを奪い合ったりするのもおもしろい。

えさを取り合う

◎アドバイス
- 室内ではとび箱や大型の積み木などを小山に見立てたり，屋外では鉄棒を枝に見立てたり，ポールにつかまったまま手をのばして取ろうとしてみたりして遊べるので，園にある様々なものを利用してよいことを子どもたちに伝えよう。

17 きょうりゅう（肉食恐竜）

♡ポイント
- 実際には見たことのない恐竜（きょうりゅう）を想像しながら表現する。

場所	室内，野外
人数	何人でもよい
隊形	自由

☆内容と展開
① 「恐竜」が載っている図鑑や絵本を見せながら，恐竜について話し合う。

対決する（相撲のように）

◎アドバイス
- 草食恐竜と肉食恐竜の違い
  - 特に，「前足」の形や働きに大きな違いがある。草食恐竜のは，象のように太く，大地を踏みしめる足であり，肉食恐竜のは，細く短く，指の数も2～3本しかなく，獲物をつかむ手のような働きをする。
  - 肉食恐竜は，後足だけで立って歩き，走るのも速い。
- 肉食恐竜を演じる時は，腕を曲げて自分の身体の前で，手をパタパタと振るように動かすとよい。

② 今回は，「肉食恐竜」の特徴をまねて遊ぶことを伝える。手を曲げて小さく前に出しながら，二本足で歩く。相撲のように対決したり，えものを追いかけたり，取り合ったり，食べたりしてみる。

えものをねらう

えものを取り合う

えものを追う

18 うま

場所	室内，野外
人数	何人でもよい
隊形	自由

♡ポイント
- うまが4本の足を，どのように動かして歩くのかを，まねてみる。きちんとできるように練習するというよりも，楽しくまねることが大切。

☆内容と展開
① うまについて，知っていることを話し合う。
② スキップをしながら，うまに乗った気分で遊ぶ。

――1人でのうまの歩き方――

③ 四本足になって，うまを表現してみる。子どもたちが自由に表現したら，保育者が足の運び方に注意して，うまになって歩いてみせ，皆でまねる。

④ 歩いている途中で驚いて立ち上がったり，蹴り上げたり，足をバタバタと動かしたり，寝ころんで背中を床にこすり付けたりなど，いろいろなうまの動作をする。

⑤ 2人組で，1頭のうまになって歩く。上手になったら，走ったりもしてみる。

――2人組のうまの歩き方――

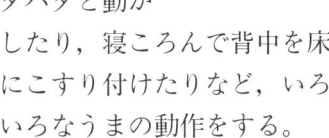

◎アドバイス
- 4本の足の運び方は，言葉で説明はしない。大人の見本や実際のうまの動きから，子どもたちが感じて，動いてみればよい。

3章 身体表現を楽しむワクワク集団あそび

❊ねらい
- 模倣あそびをしながら、友だちとのコミュニケーションをとる。
- イメージあそびをすることによって、見えないものを見ることができる力である「想像力」をつける。
- 顔の筋肉をあそびの中で柔らかくすることにより、楽しく自由に大きな声が出せる力を養う。

19 なに食べてるか？ごっこ

♡ポイント
- ふだん何気なくやっている「食べる」という動きを想像しながら、表現してみる。

場所	室内、野外
人数	30人くらいまで
隊形	自由

☆内容と展開
① 「先生ね、おいしいものをもってきたんだ！」などといって、アイスを食べるまねをしてみせ、子どもたちに、なにを食べているのか当ててもらう。

② 次々に、いろいろなものを食べてみせながら、当ててもらう。子どもたちのリクエストにも応じる。

◎アドバイス
- 保育者は恥ずかしがらずに、表情豊かに食べてみせること。
- うそっこのアイスであっても、食べた後に「アイスの棒はここに捨ててね」などといって、うそっこのゴミ箱に捨てたりすると、あそびが広がっていく。

③「そうだ。みんなにもアイスをもってきたんだ」などといいながら、子どもたちにアイスクリームを渡すまねをして、みんなで食べてみる。

④ 保育者の代わりにやりたい子どもがいたら演じてもらい、みんなで当てっこしたり、食べたりしながら遊ぶ。

20 きゅうりごっこ ── スキンシップあそび

○**ポイント**
- 触る側と触られる側を体験することで、触る強さの加減や触り方のバリエーションを知る。
- 身体全体で、食べものを演じることを楽しむ。

場所	室内，野外
人数	30人くらいまで
隊形	自由

☆**内容と展開**
① 「みんな、きゅうり好き？ おいしいね。今日はみんなで、いろいろな食べものになるあそびをします！」
② 「まず、最初はきゅうりになってみようか。みんなきゅうり好き？ きゅうりって、どんなんだ？」
「そうか、長いね。少し曲がっているのもあるね」
と、きゅうりについて話をする。

◎**アドバイス**
- きゅうりだけでなく、いろいろな食べものになって遊ぶ。
- 余裕があれば、初めのきゅうりに見立てたあそびは、保育者が全員の子どもたちにやってあげるとよい。子どもたち全員が保育者とのスキンシップを楽しめる。
- 「切る」あそびだけでなく、「炒める」「焼く」「揚げる……フライ、てんぷら、ドーナツなど」あそびに発展させると楽しい。できるだけ、実際のやり方を見る機会をもつこと。

③「じゃあ，みんなきゅうりになって，寝てみて！」「では，先生がおいしそうなきゅうり料理をつくります」

「お塩をパッパッパッ」
……1人の子どもに見本になってもらい，手で軽くトントンとたたく。
「お塩を，よーくまぶして」……背中や足をさする。
「うすく切ります」
……手を包丁に見立てて，切るまねをする。

④「はい，できあがり。みんなで食べようか」……食べるまねをみんなでやる。

⑤ 2～3人ずつでやってみる。あそびの展開を見ながら，必要に応じて保育者が言葉がけをして，あそびを変化させていく。

きゅうりだけでなく，いろいろな食べものになって遊ぶと楽しい

21 いろんないろんな顔ごっこ

♡ポイント
■ むりに大きい声を出させるのではなく，身体を開放させるための顔の体操あそびをして，声が楽に出せるようにする。

場所	室内，野外
人数	30人くらいまで
隊形	自由

☆内容と展開
① 「今日はね，『いろんないろんな顔ごっこ』をやります。では，最初に顔の体操！」「手で顔を触って，グニャリグニャリと動かすよ」などといって，保育者が両手で顔をゆがませてみせる。子どもたちもまねをして，顔に手を当てて動かす。

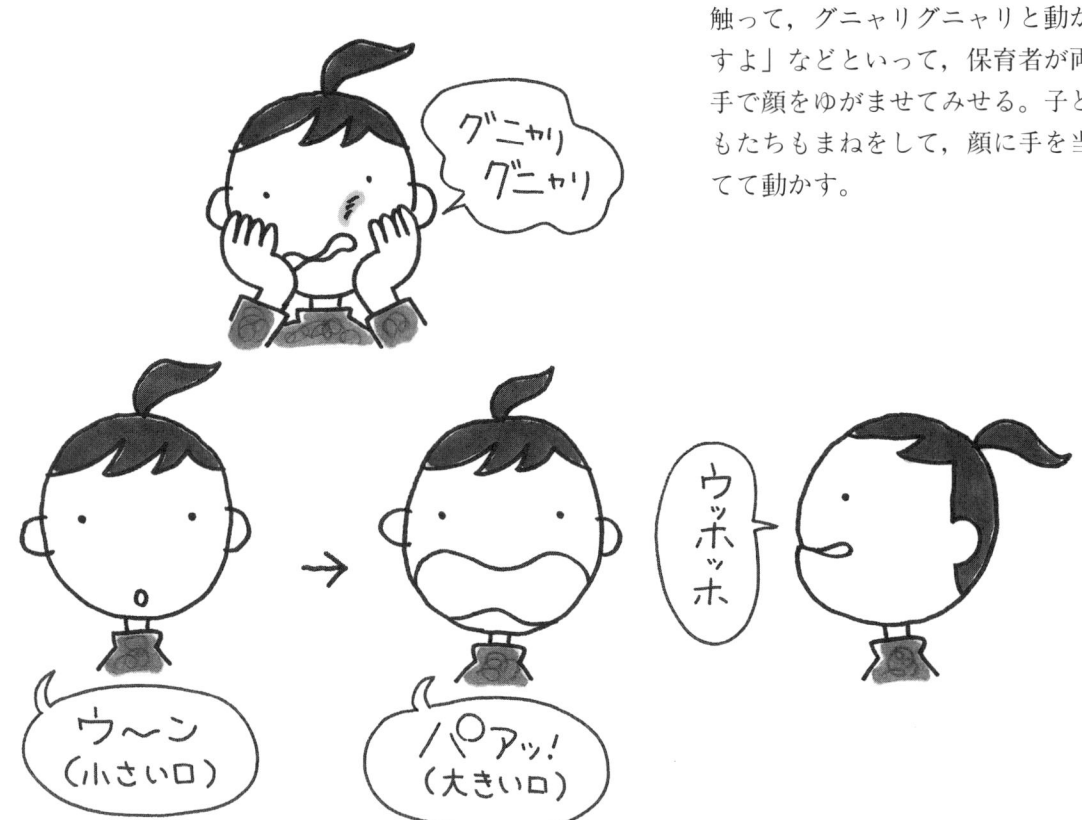

② 「今度は小さい口にするよ！」といって，保育者が口をすぼめて(ウーン)，パッと口を開く(パアッ)。子どもたちと何回かやってみる。
③ 「次は，舌を出してね。誰が長いかな？」
④ 「あごを前に出してね。誰かに似ているぞ。ウッホッホというのは誰だ？」
「そう，ゴリラみたいだね」

◎アドバイス
● ただの顔体操ではなく，いろいろな顔のイメージを出し合って，楽しみながら進めること。
● 保育者自身が恥ずかしがらずに，思いっきりやることが大切。
● 発表会のけいこや，本番当日の朝に，身体をほぐす体操とともに「顔の体操」も楽しくやるとリラックスできるし，動きやすくなる。

⑤ 保育者がほほをふくらませたり，口をとがらせたり，こわい顔，笑った顔，泣いた顔などをしながら，自分の顔を指して，「これは，だーれだ？」「これは，どんな時の顔？」と子どもたちに質問する。

　慣れてきたら，子どもたちに出題させる。

22 船ごっこ

♡ポイント
- 2人組で船になり，協力しながら，漕ぐ，揺れるといった変化を表現する。
- 船を漕ぐだけでなく，様々なごっこあそびを取り入れて楽しむ。

場所	室内
人数	自由
隊形	自由

☆内容と展開
① 「みんなは船に乗ったことある？　見たことある？」
　「どんな大きさだったの？　どこまで行ったの？」
　「誰と乗ったの？」
　「そう，絵本で見たの！」「海で乗ったの！」
　などと，船について子どもたちと話す。
② 「では，今日は小さな船に乗るよ！」といって，保育者が誰かと2人組で船をつくり，身体を前後に揺らして漕ぐまねをする。
　「♪お船や　ギッチラコ　ギッチラコ　ギッチラ　ギッチラ　ギッチラコ」などと，適当な歌を歌いながらするとよい。
　「みんなも2人組で船をつくってみてね」などと誘い，歌を歌いながら漕ぐ。
　必要に応じて，漕ぎやすいように，おしりの位置や足の組み方を変えてよいことを伝える。

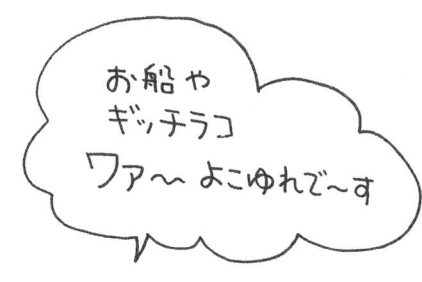

③ 「どこへ行こうか？　えっ，ハワイ？　いいよ」と行き先を決める。
④ 「あっ，波が高くなってきたー」「ワァー横揺れでーす！」「嵐になった！」などと言葉を変えていき，揺らし方も変化させて楽しむ。

3 身体表現を楽しむワクワク集団あそび

⑤ 波が静まったところで,「船の中でジュース飲んでいいよ」などといって,飲むまねなどをして船ごっこを終わらせる。

⑥ 船を降りて,浜辺で貝を拾ったり,砂山をつくったりして遊ぶ。

◎アドバイス
- 船が波で揺れることなどを,最初にイメージさせておく。
- 見本の船を演じる時は,保育者自身が大きな動作でやること。
- ジュースを飲む場面では,「ジュース置いといたから飲んでいいよ」「あっ,先生のはりんごジュースだ」とか,貝を拾う場面では,「ワーッ,大きい貝だ。ちょっと触ってみよう。「痛い,はさまれた」などと,保育者が楽しんで言葉を出すことを忘れずに。
- 1対1(2人組)の船だけでなく,カヌーのように何人かで連なって船をつくるのも楽しい。

23 まねっこ探検隊

♡ポイント
- まねっこあそびを楽しみながら、様々な動きを体験する。
- これまでやってきた様々なあそびを組み合わせる中で、想像力、表現力を豊かにする。

場所	室内，野外
人数	15人くらいまで
隊形	自由

☆内容と展開
① 「探検隊って知ってる？」と問いかけて、子どもたちと話し合う。「そう、ジャングルとか行くんだね」「宝物を探すの？」など。
② 「じゃー、探検隊ごっこしようか！」「今日の探検隊はちょっと変わっているよ。隊長さんの動きをまねっこしながら探検するよ！」「やりたい？」

③ 「では、最初は先生が隊長さんね。みんな、探検に行くぞー！」の声に、子どもたちも「探検に行くぞー！」「おーッ！」などと声を出して開始。

みんなたんけんにいくぞー！

たんけんにいくぞー！

◎アドバイス
- 探検隊の名前や歌をつくってもおもしろい。「♪まねっこ まねっこ 探検隊……」
- 慣れてきたら隊長を交代する。
- 表現あそびにのれない子どももいるので、むり強いはしないが、「何の動物が好き？」などの声をかけたりして、巻き込む。

3　身体表現を楽しむワクワク集団あそび

④　まず，その場で足を上げたり，足踏みをしたりして，まねっこのウォーミングアップをする。子どもたちがまねっこの意味を理解したら，歩き始める。

⑤　最初は，動きをわかりやすくするため，保育者はオーバーに表現する。片足跳び，両足ジャンプ，池跳び，うねり歩きなど。

⑥　途中で探検らしく，ライオンと出会う，うさぎと遊ぶ，雨宿りをする，隠れる，寝る，海の中へ，空の上へ，……というような場面を入れて，イメージを膨らませながら進める。

⑦　全員の心と身体が開放してきたら，自由な探検ごっこに変えて遊ぶ。

4章 言葉も楽しむワクワク表現あそび

✲ねらい
- イメージをもって模倣あそびをすることで，少しずつ，むりなく，声が出るようにする。
- ふだん使っている言葉ではなく，一人ひとりが気持ちから出た言葉を自由に発することで，いつも以上に相手に思いを伝える楽しさを経験する。

24 いろんないろんな「こんにちは！」

♡ポイント
- あいさつのまねっこあそびを通して，動きだけでなく，言葉も変化をつけて楽しむ。
- 同じ言葉でも，声の高さや速さ，大きさなどを変えてみる。

場所	主として室内
人数	30人くらいまで
隊形	自由

☆内容と展開
① 「まねっこあそびをしようか！」といって，まず，保育者が手拍子を始めて，それをまねさせる。
② 続けて，「♪いろんな いろんな こんにちは」と身体でリズムをとりながら，適当なメロディーで歌う。子どもたちものってきたら，普通に「こんにちは」といって，子どもたちもまねしていう。
③ 「今度はお隣のお友だちにもあいさつしてね」などといって，②を繰り返してやる。
④ 「では，今度は山の上のきつねさんに向かってあいさつしましょう」「山の上ってどこかな？」「遠いかな近いかな」「そうか，うんと遠いね。どんな声なら届くかな？ 大きい声でないと届かないか」などと話して，みんなで考える。
⑤ 子どもたちが「こんにちはー！ コーン！」と山に向かって大きな声でいったら，保育者が「こんにちはー！ コーン！」とこたえる。
「わー，聞こえたんだね！」

4 言葉も楽しむワクワク表現あそび

⑥ 声の変化を考えて，様々なものに向かって，あいさつごっこをやる。
　〈大きい声であいさつごっこ〉
　　空のカミナリに向かってあいさつしたら，「こんにちは　ゴロゴロゴロ！」。大きな恐竜だったら，「こんにちは　ガオー」。

〈小さい声であいさつごっこ〉
　アリにあいさつしたら，聞こえないくらい小さい声で「こんにちは……」。

「アリさん こんにちは（小さく）」

「アリさん こんにちは（小さく）」

〈言葉を変えてあいさつごっこ〉
　ゆうれいでは「ドロドロ　ドロー」，赤ちゃんでは「バブバブ」，ロボットでは「カッカッカッキーン」など。

「こ～んにちは～ ドロドロ～」（ゆうれい）

「こんにちは バブバブ」（赤ちゃん）

「こ・ん・に・ち・は カッキーン」（ロボット）

◎アドバイス
● 慣れてきたら，子ども一人ひとりの「こんにちは」の言い方や身体の動きをみんなでまねる。
●「こんにちは」だけでなく，他の言葉でもやってみる。

25 ○○○国の言葉ごっこ

♡ポイント
- 一つの言葉しか使わない状況をつくって、言い方の変化とともに、表情や身振り手振りなどの行動を有効に使って表現する。

場所	室内，野外
人数	30人くらいまで
隊形	自由

☆内容と展開

① 「先生ね，この前のお休みに，友だちと旅行に行ってきました。どこだと思う？」
　「遠くて暖かい国，ジャバジャバ国っていうところだよ。とってもきれいで，おいしいものがたくさんあったんだ」

② 「先生はその国の言葉を覚えてきたの。みんなも覚えたい？　とっても簡単だよ」
　「例えば，おはようは『ジャバジャ』，さようならは『ジャバジャババー』，お腹がすいたは『ジャババジャババババー』だよ」
　「みんなは他にどんな言葉を覚えたい？」とたずねて，出てきた言葉を何でもジャバジャバ語で表していく。

4 　言葉も楽しむワクワク表現あそび

③　みんなで，ジャバジャバ語で会話してみる。

　　ジャバー ジャバジャバジャー
　　（みんなー，こっちにおいでー）

　　ジャー ジャバジャバー
　　（じゃ，すわってね）

　　ジャバ バジャ バババー
　　（お腹すいたよー）

　　ジャー
　　（はーい）

◎アドバイス
- ジャバジャバ語だけでなく，『ポヨポヨ』『ハニャハニャ』などの言葉に変えて楽しむのもよい。
- みな似たような言葉なので，感情や動きをはっきり出すように表現することが大切。見本として，保育者が表情や身振り手振りをはっきりと表現することが大切。
- 一日中，その言葉で過ごしてみるのもおもしろい。

5章 布を使ったワクワクなりきりあそび

❋ねらい
- 身近なものを使って表現するという意識を育てる。
- このあそびを通して，身体のバランス能力を養い，友だちと協力して動く楽しさを経験する。
- 一つのことをやりとげるために，仲間と一緒に考え，行動することの大切さ，楽しさを身につける。

26 かべくぐり

場所	室内
人数	30人くらいまで
隊形	自由

♡ポイント
- ふろしき，シーツといった身近な布を何かに見立てて遊ぶことを知る。
- おまじないの言葉などの決まりを子ども自身がつくって，変化させて楽しむ。

❏準備するもの
大きな布（シーツなど数枚，かべに見立てる），ふろしきなど（子どもの人数分）。

まほうの
かべだよ

☆内容と展開
① 保育者がふろしきをマントなどに見立てて変身してみせる。子どもたちにもふろしきを渡して変身してから，一人ずつに「何に変身してきたの？」と聞く。

5　布を使ったワクワクなりきりあそび

② 1枚の大きい布を大人がもつか，何かでとめる。「ここに大きなかべが，できてしまいました。これは魔法の言葉をいわないと開きません。えーと，確か，『ちちんぷいぷいの……』あれ，なんだっけ？」といいながら，子どもたちと魔法の言葉の続きを考える。
③ 子どもたちと魔法の言葉をいって，かべをくぐる。

やったーくぐれたー！

◎アドバイス
- 最初はくぐることを楽しみ，その後は，一人ひとりが魔法の言葉やくぐる前のポーズを変えて，お互いに聞いたり見たりして楽しもう。
- 大人が多ければ，「かべのトンネル」をつくる。
- かべをもつ人が，かべの番人役になってもおもしろい。

27 ソリごっこ

♡**ポイント**
- 布をソリに見立てて，ごっこあそびを楽しむ。
- 足腰や握る力を鍛える。

❑**準備するもの**
- 汚れてもよい大きな布（シーツ，バスタオルなど数枚）。

☆**内容と展開**
① 「ソリって知ってる？」「そう，雪や氷の上をすべったり，いぬやうまが引いて動かしたりするね。人間や荷物を運んだね」などと話して興味をもたせる。

場所	室内
人数	30人くらいまで
隊形	自由

みんな ソリって 知ってる？

雪の上を すべるの！

◎**アドバイス**
- 床が板張りやPタイルでないとすべらないので，事前に試しておくこと。
- 子どもによっては，「お尻が熱い！」という子もいるので，タオルなどを座布団にして敷いて乗る。
- 大人が1人乗って，子どもたちに引っ張らせるのも楽しい。
- 体重が軽い子どもが乗ると，かなりのスピードが出るので，布をしっかりと握らせる。

5 布を使ったワクワクなりきりあそび

② 「ソリに乗りたい？」「みんなのためにソリをもってきました」などといいながら，シーツ（大きい布）を出す。
③ 「えっ，ただのシーツに見える？ でもね，先生がこんなふうに変身させると，あっという間にソリに早変わり！」などといいながら，シーツを床に広げる。

「りょうか～い」
「○○○ちゃんの家まで 出発～！」

④ 「乗りたい人はいるかな？」と子ども1～2人をシーツの端に座らせて，シーツをしっかりとつかませる。

「つぎはどこへ行きますか？」
「え～っとね…」

⑤ 「では，出発！ どこまで荷物を運ぼうかな？」などといいながら，シーツを引っ張って進み「到着！」といって，荷物をおろす（子どもに降りてもらう）。誰かに渡すそぶりをするとなおよい。

「ハイ 荷物」
「ありがとう」

28 うまごっこ

♡ポイント
- 布をねじったものを，うまに見立てて遊ぶ。
- 2人組で協力して動きながら，食事などのうまの日常生活を表現する。

場所	室内
人数	30人くらいまで
隊形	自由

❏準備するもの
- 大きな布（シーツなど数枚），必要に応じてうまの絵や写真など，タオル（えさに見立てるなど）。

☆内容と展開

① うまの絵や写真を見せて，「どこで見たの？ どんな走り方だった？ 鳴き声は？ 何を食べるのかな？」などと聞く。(遠足で動物園や牧場に行った後が最適)

② 1人がシーツの片側をもち，もう1人がねじる。両側を輪ゴムなどでとめるとよい。うまに見立ててまたがり，パッカパッカと走るまねをする。

③ 子どもたちも2人組になって，またがり歩く。

5 布を使ったワクワクなりきりあそび

④ 慣れてきたら，食べものを探したり，かけっこをしたりする。食べものは無対象（何もない想像だけの状態）でもよいが，タオルなどを見立てて使ってもよい。

「ニンジンよー」

◎アドバイス
- うまに名前を付けたり，うま同士の関係（親子，兄弟，友だちなど）を考えると，劇ごっこに発展させやすくなる。
- 遠足などで動物園に行くようなら，事前にうまのことで知りたいことや，わからないことを出し合っておいて，動物園の方にたずねたり，よく見てきたりしよう。
- ねじった布は，うまの頭と首にあたる各部分に輪ゴムをとめると，子どもがもちやすい。

29 大へびごっこ

♡ポイント
- 木の実を取り返す，追いかけるというゲーム的なあそびを，劇ごっことして楽しむ。

場所	室内
人数	30人くらいまで
隊形	自由

❏準備するもの
- 大きくて長い布（シーツなど）2枚くらい，タオル，ハンカチなど（丸めて木の実に見立てる），ダンボール箱，かごなど。

☆内容と展開
① 保育者が話をする。「ある山に，とっても食いしん坊のへびがいました。そのへびはとても大きなへびで，おいしい木の実がなるといつも独り占めして，穴の中にかくしておいて，後で全部食べちゃうんだって。ずるいよね！」
②「今日はみんなと一緒に，大へびがかくした木の実を取り返しに行くごっこをします。やりたいかな？」
③「これは，大へびが集めていた木の実です」といいながら，丸めたハンカチ（または小さいタオル）を見せる。「何の実だろう？ 柿かな？ りんごかな？」
④「では，この穴の中にかくすね」といって，ダンボール箱の中に入れる。

5 布を使ったワクワクなりきりあそび

⑤「これが、食いしん坊の大へびです」といいながら、長い布の端を保育者がかぶって、へびの頭になる。「誰か、しっぽになりたい人はいるかな？」と聞き、子ども1人に入ってもらう。

⑥ 子どもたちがいる陣地（安全な場所）を決め、2～3人が木の実を取りに行く。「大へびが昼寝をしている間に、そろりそろりと歩いて木の実を取ってきてね」

⑦ へび役は、ころ合いを見はからって子どもたちを追いかけるが、安全な場所（陣地の他にも決めておく）へ行ったら追いかけるのをやめて、元に戻って昼寝をする。

◎アドバイス
- 子どもたちが大勢で木の実を取りに行く時は、へびの数も2組くらいに増やす。
- へびにつかまった人は、今度はへびになるなどのルールも子どもたちと考えよう。
- 安全な場所は、なぜへびが近づけないかも子どもたちと考えたい。例えば、へびが苦手なものがある、へび語で帰れと命令する、子守唄を歌うと寝てしまう、など。

6章 新聞紙を使ったワクワク表現あそび

> **☆ねらい**
> - 新聞紙を使って，見立てあそび，イメージあそびの楽しさを経験する。
> - 身体の機敏性を養う。
> - 新聞紙をダイナミックに友だちと破いたり，ちぎったり，投げたりすることで，心と身体を開放させる。
> - おかたづけあそびを通して，ものの整理の仕方を身につける。

30 レストランごっこ

♡ポイント
- 新聞紙の扱い方を工夫して，いろいろな食材や料理をつくってみる。
- できた食材や料理でレストランごっこをして，お店の人とお客さんという役になって遊ぶ。

場所	室内
人数	30人くらいまで
隊形	自由

❑準備するもの
- 新聞紙（子ども１人に朝刊１部程度）。あそびが発展してきたら，積み木やおままごとの道具，エプロンなども必要に応じて使う。

☆内容と展開
① 保育者が新聞紙を丸めたり，ちぎったり，穴を開けたり，細長くねじったりして，食べものをつくってみせる。

「これ、なにに見える？」
「おいも！」「レモン！」「卵！」

◎アドバイス
- 子どもたちがいろいろな発想でつくれるように，保育者が新聞紙のいろいろな扱い方を見せる。
- 子どもたちの案も取り上げて，全体に見せることも大切。
- レストランごっこでは，おままごとの食器を使ったり，大型積み木をキッチンやテーブルとして使ったり，本物のフライパンなどの台所用品も利用できると楽しい。

② 「ああ，このりんごはおいしい！」などと食べるまねをしてから，「みんなも何かおいしいものをつくってみる？」などといって，自由につくらせる。
③ 一人ひとりの食べものを，みんなの前で評価する。

④ 慣れてきたら，料理もしてみる。
⑤ おいしそうなごちそうができたら，お互いに食べ合ってみる。
⑥ たくさんのごちそうができるようになったら，レストランごっこをして，お店の人とお客さんに分かれて遊ぶ。

31 魔法の玉あそび

♡ポイント
- 自分の遊びたいボール，投げやすいボールを新聞紙でつくる。
- ボール投げという基本的なあそびを，劇的な要素を加えて楽しむ。

場所	室内
人数	30人くらいまで
隊形	最初は自由

❑準備するもの
- 新聞紙（子ども1人に1～2枚程度）。

☆内容と展開

① みんなで新聞紙のボールをつくる。大きさは自由でよいが，初めは大きめの方が受け取りやすい。

② 一人ひとり，自分で投げ上げて自分で受け取る。それを繰り返して遊ぶ。

③ 次に，2人組で，投げっこをする。慣れてきたら，投げっこをしている間を通り抜けて遊ぶ。

6 新聞紙を使ったワクワク表現あそび

④ 投げる，通り抜けるという要領がつかめたら，「この魔法のボールが当たると『かえる』になっちゃうよ！」などといい，劇的な要素を加える。

（ケロケロかえるになっちゃった）

（当たるとかえるになっちゃうぞ〜）

（よーし！ガンバル）

◎アドバイス
- ボールあそびに慣れていない子どもは，すぐに投げ返したりできないので，時間をかけてボールあそびを楽しむ。毎日，少しずつやると楽しく続けられる。
- くぐる前の保育者の言葉がけ一つで，ただの新聞紙の玉が火の玉や雪に変身するので，工夫すること。子どもたちと話し合って決めてもよい。

32 魔法の紙あそび

♡ポイント
- 1枚の新聞紙を，何も加工しなくても遊べることを体験する。
- 基本的な運動の一つである「走る」ことを，なりきりあそびで楽しみながら行う。

場所	室内
人数	30人くらいまで
隊形	最初は集める

❏準備するもの
- 新聞紙（子ども1人に1～2枚程度）。

☆内容と展開
① 1枚の新聞紙を広げて見せながら，「先生はね，魔法が使えるの。でも，このことはないしょだよ。みんなは先生の魔法が見たいかな？　ちょっとだけ，見せてあげるね」。

② 魔法使いのような言葉づかいで「のりもセロハンテープも使わないで，お腹にくっつけます」といい，新聞紙をお腹につけて「ほらっ」と手を離す。

③ ハラリと落ちた新聞紙を拾って，「あれ，呪文を忘れていました。チチンプイプイ……！」と手を離すと，また落ちてしまう。

◎アドバイス
- 子どもたちが使う新聞紙は，全紙の1/4でよい。あらかじめ切っておく。
- カーブして走るのは難しいので，直線で走る。
- 手でもつのではないことを伝え，手を上げて走らせる。
- 「呪文なんかなくてもいいよ」という子がいたら，「すごいね」といってあげよう。
- 呪文を子どもたちと考えるのも楽しい。

④　「あっ，そうだ！　鼻のあぶらをつけるのを忘れていました」と，指で鼻をさすってお腹に塗るまねをしてから，新聞紙をお腹につけて，思いっきり走る。
　　子どもたちのまわりを一周して「ほら，落ちなかったでしょ！」。

「チチンプイプイ　ビュ〜ン」

「先生、スゴ〜イ！」

⑤　子どもたちも，やってみる。

「ワァ〜　くっついた」

「ぼくのじゅもんは　ちょんちょろリーン」

33 雪だるまごっこ ── おかたづけあそび

♡ポイント
- 大胆なあそびを通して，心と身体を開放させる。
- 新聞紙の大きさや形の変化を，五官で感じながら遊ぶ。

場所	室内
人数	30人くらいまで
隊形	自由

❏準備するもの
- 新聞紙をつなげたもの（子どもに見せないようにつくっておく），ゴミ袋やスーパーの袋など数枚，セロハンテープ。

☆内容と展開
① 「雪を見たことあるかな？　なにして遊んだの？」「雪合戦？」「雪だるま？」などと，雪について話す。
② 「本当の雪は，まだ降らないから，今日はこの部屋を雪でいっぱいにしてみよう！」「みんな，ここに集まって，目をつぶってね」といい，子どもたちを集める。

── 新聞のつなげ方 ──

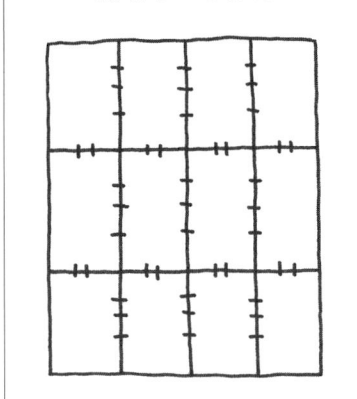

子どもたちにかぶせる大きな新聞紙は，ビリビリと手で切る時にじゃまにならないように，セロハンテープを小さく切って（5cmくらい），間隔をあけて貼ること

やぶっていいよー

上下させる

ワァ〜すご〜い！

③ 「いいよ，というまで目を開けてはだめだよ」と約束して，大人が2人以上で，つなげた新聞紙をもって子どもたちの上にかぶせる。そして，「目を開けていいよ」という。
④ 雪に見立てた大きな新聞紙を，上下させて遊ぶ。
⑤ しばらく遊んだら，「みんなで破って，小さい雪をつくっちゃえー」の合図で，頭の上の新聞紙を下からつついて穴をあける。そして新聞紙をビリビリに破く。

⑥ あらかじめちぎっておいた新聞紙なども加えて玉をつくり，雪合戦をする。

「雪合戦だー」

⑦ 思いっきり雪合戦をした後に，「雪だるまをつくろう」といって，ゴミ袋に詰めて口をしばり，2個重ねてガムテープなどでとめる。目や鼻などは，新聞紙を丸めてセロハンテープなどでつける。

「雪だるまつくろう」

「ワーイ 雪だるまだー！」

新聞紙
ゴミ袋

◎アドバイス
- 子どもたちがすっぽりと入るように，新聞紙を何枚もつなげて大きなものをつくると楽しい。
- もつ大人が足りない場合は，一辺をかべなどにつける。
- 大きな新聞紙を下からつついて穴をあけるのは楽しいので，雪以外のものにも見立てて遊ぼう。
- いくつかの雪だるまができたら，見せ合って「すてきな顔だね」などとほめ合おう。

7章　4歳児の発表会に向けて──
先生と子どもが一緒にするワクワク劇ごっこ

劇の発表会について

　幼稚園・保育所の先生方の研修会で，必ず「クラスの子が劇になると乗りません」「発表会になると泣いてしまいます」という悩みを聞きます。
　そのような質問に対して「『劇がよそゆき』にならないようにした方がいいです。『日常の保育から，表現あそびというものを楽しんだ』という雰囲気をつくって，本番も日常のまま発表できるような会場づくり，登場の仕方などを工夫してください」と助言しています。

　今までたくさんの表現ワークショップをしてきて，心から感じていることがあります。
それは，

　　子どもたちは心の中が，安心や信頼，自信でいっぱいになり，その気持ちが心の中からあふれ出るくらいにならないと，本当の優しさ，勇気，そして元気で大きな声，動き，活き活きした表情，頭のやわらかさ，工夫といった表現力を生み出すことは難しいのではないだろうか。

ということです。
　これは，大人にもあてはまることだと思います。特に，現代の若者の表現力を見ていると，このことを強く感じます。だから，この世に生まれてまだ少ししかたっていない幼児にとってはなおさらのことです。
　劇発表会前に，いきなり劇の練習で，せりふや踊りを覚えさせて，むりに大きな声を出させようとしてもむりなはずです。
　劇を創ってみんなに見てもらいたいという子どもたちから出た企画の場合なら別ですが，たいていの場合，それは大人が考えた企画にすぎません。
　だから，保育者が表現あそびを指導する際，声を出すこと，動くこと，工夫することがおもしろく，見てもらい，ほめてもらうことが楽しく，切実にやってみたいと，子どもたちに思わせることから始めないと劇指導は成り立ちません。

　「子は親を映す鏡」という言葉がありますが，「子は先生を映す鏡」ともいえるのではないでしょうか。
　「私のクラスでは活き活きした表現ができない」「うちの子は仲間に入れない」と話される方を見るとだいたいその方自身がそうであることが多いのです。
　表現あそびの基本は模倣ですから，子どもたちの表現あそびのリーダーとなる先生自身の心と身体と声がリラックスして楽しそうでないと，それを見てまねる子どもたちもそうなってしまいます。
　頭の中だけで悩まず，先生自身が楽しみましょう。

7 4歳児の発表会に向けて

✻ねらい
- 日常やっているあそびをつなげて，むりなく自然に，先生と子どもたちが劇ごっこをする。
- セリフを丸覚えさせるのではなく，セリフや動きを自分たちで考えてつくり上げていく。
- 発表会でも，子ども一人ひとりの表現を大切にする。
- 観客も巻き込む展開も加えて，全員で楽しめるようにする。

✻「発表会」に向けて意識しておきたいこと
- 発表会の少し前から取り組むのではなく，年度の初めから大まかな発表会のテーマを決めて，保育の中に取り入れて盛り上げていくことが大切。
- 日常保育の中で表現あそびを楽しんだという雰囲気を発表会の日にもつくって，日常のまま発表ができるような会場づくりをする。
- 劇をするのが好きでない子に対しては，日常のあそびで何が好きなのか，何であるとなりきれるのかを観察しておく。
- みんなの輪に入れない子がいたら，むり強いはしない。不安や自信のなさがそうさせている場合があるので，温かく長い目で見守る。保育者からの言葉がけやきっかけづくりは必要だから，「くまの足に薬をつけてくれるかな？」などと誘ってみたりする。
- 日頃から，おもしろい表現や素敵な表現をした子を見つけたら，クラスのみんなの中で声かけして，自信とやる気を引き出しておくことを心がける。

✻「発表会当日」に留意すること
- 先生と一緒に劇ごっこしていくが，子どもの表現を大切にして，むりに段取り通りに進めようとしないこと。
- 「もっと，大きな声を出して！」とか，「手をもっと動かして！」などと，大人は強く注意しがちであるが，それではよけいに緊張してしまうので気をつけよう。（ふだんの練習の時も）
- 観客（保護者や祖父母など）に「今回の劇は大人の方も客席でご協力ください」と，なんらかの方法で伝えること。
- 発表会の直前にも，いつものあそびをして身体や声をほぐす。
「いろいろな歩き方」「リズムにのって」「なに食べてるか？ごっこ」「いろんないろんな顔ごっこ」など。

✻衣装や小道具について
- 4歳児では，子どもたちの意見を聞いて決めるとよい。
- 日常の表現あそびで行っているような，新聞紙やタオルなどでつくったものに少し手を加えるのでもよい。
- 保育者や保護者の方がつくる場合は，子どもの動きのじゃまにならないものにする。

✻効果音について
- 身近にあるもので音をつけたりする。

✻会場について
- 高い舞台の上で見せることだけを考えない。親などの観客と一緒に楽しめるように，子どもたちが中心に登場して，まわりに観客が取り囲むように座ったり，大人も交ざって一緒に演じたりする。

34 魔法使いの誕生日

●登場人物（いずれも数人で担当する）
　　　魔法使いたち（300歳のお年寄り）
　　　ちびっこ魔法使い（ケーキづくり）
　　　ちびっこ魔法使い（魔法の紙あそびを見せる），
　　　ジャバジャバ国の人
　　　通訳
　　　カラス
　　　ナレーションを担当する人（先生または子ども）

●準備するもの
　　　お年寄りの魔法使いのほうき（新聞紙でつくったもの，または本物）
　　　新聞紙でつくったほうき（子どもの人数分……最後に登場する子どもたち全員に渡す）
　　　魔法の紙あそび用の新聞紙
　　　ケーキ（ダンボールで形をつくり，新聞紙で飾るなど）
　　　各役の衣装は必要に応じて

●引用したあそび
　　　レストランごっこ（P 46〜47）
　　　魔法の紙あそび（P 50〜51）
　　　○○○国の言葉ごっこ（P 36〜37）

☆内容と展開　　※【　】の中は日常の保育で行う表現あそび

① 　ナレーション　「あるところに，△人の魔法使いが住んでおりました。△人とも300歳のおじいちゃん，おばあちゃんの魔法使いでした」

　　魔法使いは，ほうきにまたがり，チチンプイプイと呪文を唱えて飛ぼうとするが飛べない。

　　魔法使い　「ああ，年をとっちまったのかね。呪文が効かなくなっちまったよ」など，しょげている。

② ナレーション 「すると，そこへカラスがやってきました」
カラス 「カアー　カアー　あしたは魔法使いの誕生日だねー　カアー」
魔法使い 「ああ，そうだった！　明日は300歳の誕生日だった」
カラス 「みんなで，また，誕生パーティーをしようよ」
魔法使い 「それはいいね」
カラス 「みんなに知らせてくる　カアー」など。

③ ナレーション 「そして，次の日のことです。森のちびっこ魔法使いたちが誕生パーティーのために集まってきました」
ちびっこ魔法使い 「♪ぼくらのつくったごちそうは　この世にたった一つだけ　元気の出る出る！　おいしいケーキ……」などと歌いながら，ケーキをもって出てくる。

「300歳のお誕生日　おめでとう！　ぼくたち，こんなに魔法が使えるようになったよ。見てね！」

ちびっこ魔法使いが，【「魔法の紙あそび」P 50〜51】などを披露する。
（他にも，子どもたちと相談して魔法を考えたりする。）

魔法使い　「みんな，もう立派な魔法使いだねー」
　　　　　「でも，私たちは年をとってしまって，魔法が効かないよ」

（ここで，元気をなくした魔法使いを，ちびっこ魔法使いたちがどうやって慰めるか考えておく。）

④　ナレーション　「すっかり元気をなくした魔法使いのところに，隣のジャバジャバ国の人たちがかけつけてくれました」【「○○○国の言葉ごっこ」P 36〜37】

ジャバジャバ国の人　「ジャバジャ　ジャバジャババー　……」
通　　訳　「300歳の誕生日おめでとう，といっております」
ジャバジャバ国の人　「ジャバジャバ　ジャバ　ジャバババー　……」
通　　訳　「皆さん，魔法が効かなくなってもご心配なく。魔法使いの国では，300歳になったら，チチンプイプイの後に，ポロローンとつければよいのですよ」など。

7 4歳児の発表会に向けて

魔法使いたちは，教えてもらった呪文を繰り返す。すると，魔法が効くようになり，ほうきで空を飛べるようになる。

⑤ **魔法使い**「みんな，今日は本当にありがとう！ もう，みんなは立派な魔法使いだから，今日は素敵な魔法のほうきをプレゼントしましょう。みんなの大好きな人がプレゼントをもってきてくれますよ！」

会場にいる大人（園長先生や保護者の方など）から，プレゼントをもらう。ちびっこ魔法使いだけがプレゼントをもらうのではなく，他の役の子どもたちも「新しいほうきをもらおう」などといって，もらえるようにする。

全員で，ほうきにまたがり，会場内を元気に飛び回る。

全　員「♪魔法　魔法　魔法使い　魔法のほうきにまたがって　大空高く　ひとっとびー……」

（このような歌も子どもたちと相談してつくると楽しい。）

35 動物村のまねっこまねっこ探検隊

●**登場人物**
　　森の動物たち（りす，うさぎのミミちゃん，うさぎのお母さん，いろいろな動物たち）
　　大へび

●**準備するもの**
　　大へび（大きな布に目玉をつける）
　　動物たちの扮装は必要に応じて（タオルでつくってかぶる，しっぽをつけるなど）
　　背景の森，木，草なども必要に応じて（特に，薬になる草はあるとよい）
　　おばけが登場するとしたら，その小道具なども必要に応じて

●**引用したあそび**
　　まねっこ探検隊（P 32〜33）
　　大へびごっこ（P 44〜45）

☆**内容と展開**　　※【　】の中は日常の保育で行う表現あそび

① 森の動物たちが楽しそうに遊んでいる。
　　動物たち　「♪まねっこ　まねっこ　探検隊！……」【「まねっこ探検隊」P 32〜33】
　　　　　　　「お腹すいたね」「おやつにしよう」などといって，木の実や葉っぱを食べる。
　　　　　　　「おいしいね」「木の実は甘いね」など。

　　　　　　　　　　まねっこまねっこたんけんたーい！

② りすたちが走って来る。
　　り　す　　「大変だ。大変だ。大へびだー！」
　　動物たち　「どこにいたの？」
　　　　　　　「山のふもとにある森で，一番大きなもみの木の下に住んでいるんだって」
　　　　　　　「えー，怖いなあ」
　　　　　　　「大丈夫だよ。こんなに遠くまでは来ないよ！」
　　　　　　　「この山の中にいれば平気。ここには，おいしい木の実もたくさんあるもんね」
　　（ここで，おいしい木の実の歌などをつくって歌うと楽しい。）
　　動物たち　「じゃあ，あの木の下にある薬になる葉っぱは，とりに行けないね」
　　　　　　　「そうか，どうしよう？」

7　4歳児の発表会に向けて

「大へびがいなくなるまで，ケガをしないようにすればいいんだよ」
「そうか！」
（劇の練習の時に，薬屋さんやお医者さんがいない森の動物たちはどうすればよいのか，子どもたちと話し合う。）

「だいじょうぶ！ケガをしないように気をつけていれば」
「おくすりの葉っぱとりにいけないよ」
「大へびがすんでるんだって」
「たいへんだぁ！」

③　森の動物たちは，また遊び始める。すると，うさぎのお母さんが足を引きずりながら登場する。
　　動物たち　「あっ，ミミちゃんのお母さんだ！」
　　　　　　　「あれ，足にけがをしたのかな？」
　　　　　　　「大丈夫？」
　　みんなで，うさぎのお母さんを迎えに行く。
　　ミミちゃん　「お母さん，どうしたの？」
　　お母さん　「川の近くにおいしそうな木の実があったから，おみやげにしようと思って手をのばしたら，すべってころんじゃったの。アイタタタッ！」
　　ミミちゃん　「わぁ，お母さんの足，はれてるよ！」など。
　　（足がはれている様子を，みんなで考えて表現する。）

「あっ！ミミちゃんのお母さん！」
「けがをしているよ」

　　動物たち　「これは，あの木の下のお薬の葉っぱがないと治らないよ！」
　　　　　　　「でもあそこには，大へびがいるよ」
　　お母さん　「お母さんなら大丈夫よ。アイタタタッ！」
　　うさぎのミミちゃんは，頑張ってとりに出かけようとするが，少し行って戻ってくる。

動物たち 「1人で行っちゃあぶないよ！」
　（自分たちならどうするか，みんなで考える。）
動物たち 「よし，みんなで，あの葉っぱをとりに行こう！」
　　　　 「うん，ぼくたち，まねっこ探検隊だもんね！」
ミミちゃん 「お母さん，お薬の葉っぱとってくるから，待っててね」
お母さん 「みんな，気をつけてね！」

④ みんなで，まねっこ探検隊になって森の中を進む。
　（道中の歩き方やできごとは，日常の【「まねっこ探検隊」P 32〜33】で出てきたものから決める。）

よし！みんなで葉っぱをとりに行こう！

動物たち 「あっ，もみの木が見えてきた」
　　　　 「じゃあ，あの木の下に大へびがいるんだね」
　　　　 「しっ，静かに」
　みんなは，草むらに隠れる。木の下で，へびが，大きないびきをかいて寝ている。
動物たち 「今のうちだ」
　　　　 「葉っぱをとりに行くぞ」
　みんなは，静かに薬になる葉っぱをとりに行くが，後少しのところで大へびが起きてしまう。みんなはあわてて，また隠れる。

⑤ 大へびは起き上がって，匂いをかぎながらニョロニョロと動物たちのところへ寄ってくる。
　【「大へびごっこ」P 44〜45】
大　へ　び 「なんだか，いい匂いがするぞ。うさぎかな，それとも……りすかな？」
　へびはしばらく探すが，見つけられずに戻って，とぐろを巻く。

なんだかいい匂いがするぞ

7　4歳児の発表会に向けて

動物たち　「そうだ！　大へびを追っ払う方法を考えよう！」
　　（子どもたちとへびを追っ払う方法を考える。例えば，へびが苦手なものに変身するとか，大きな声で脅かすとか，変な臭いをさせるとか，おいしいものでおびき寄せるとか……）
　　みんなで考えた方法で大へびを追っ払う。
動物たち　「おばけだゾー！」「へびが大嫌いなおばけだぞー　ヒュー　ドロドロー　……」
大　へ　び　「こんなところにいるのは，まっぴらだあ！」
動物たち　「やったあ！」
　　みんなでお薬の葉っぱをとり，元気よく歌いながら，うさぎのお母さんのところに戻る。
　　（子どもたちが，日常歌っている歌を歌うと楽しい。）

⑥　ミミちゃん　「お母さん，葉っぱをとってきたよ！」
　　うさぎのお母さんが，足に葉っぱをつけると治る。
お母さん　「みんな，ありがとう。治ったよ！　大変だったでしょう？」
ミミちゃん　「ううん，大丈夫！」
動物たち　「僕たち，元気なまねっこまねっこ探検隊だからね！」
　　みんなで，まねっこ探検隊の歌を歌いながら行進する。
　　ここでは，会場にいる大人たちが鳴り物を叩いてもおもしろい。

監　修	芸術教育研究所［所長　多田千尋（ただ　ちひろ）］

芸術教育を通して子どもたちの全面発達を育むための研究機関として，1953年に設立。1984年には「おもちゃ美術館」を併設。美術，音楽，演劇，文学，手工芸など，さまざまな芸術教育の研究及び実践を進めている。

近年は「世代間交流」の視点による芸術教育のアプローチも展開し，高齢者のアクティビティ活動や高齢者と子どもをつなぐ保育の研究も行う。「夏の芸術教育学校」「おもちゃコンサルタント養成講座」等を定期的に開催。

編著者	劇団風の子東京　福島　康（ふくしま　やすし）

劇団風の子東京嘱託・芸術教育研究所客員研究員
1931年，函館市生まれ。小学校教員勤務の一方，演劇活動を行ってきた。「低学年の劇指導のあり方」等々を全国教育研修会で発表。現在，幼児と親のための表現遊び，保育士・教師のための演劇教室，中高校生のための講座，俳優養成などを行う。編著書に『表現能力育成法』（共著，産報出版株式会社），『先生も子どももできる楽しいなりきりあそび』『0～3歳児のからだでワクワク表現あそび』（ともに共著，黎明書房）がある。

　　　　劇団風の子東京　大森靖枝（おおもり　やすえ）
劇団風の子東京・芸術教育研究所客員研究員
京都の人形劇団で公演活動後，1980年に「劇団風の子」に入団，幼児対象の「小さい劇場」班に所属し，近年は，劇ごっこ「もりのたぬきさん」等の観客も巻き込んで楽しむ公演や，保育士・幼稚園研修会，子育て表現遊びの講座も行う。編著書に『先生も子どももできる楽しいなりきりあそび』『0～3歳児のからだでワクワク表現あそび』（ともに共著，黎明書房）がある。

イラスト	渡井しおり（わたい　しおり）
企　画	多田千尋

お問い合わせは……
芸術教育研究所　〒165-0026　東京都中野区新井 2-12-10　☎ 03(3387)5461　FAX　03(3228)0699
URL　http://www.toy-art.co.jp

4歳児のからだでワクワク表現あそび

2004年 2 月 1 日初版発行	監　修	芸術教育研究所
2006年 2 月10日 3 刷発行	編著者	劇団風の子東京
		福島　康
		大森靖枝
	発行者	武馬久仁裕
	印　刷	株式会社 太洋社
	製　本	株式会社 太洋社

発　行　所　　　　　　株式会社 黎明書房

〒460-0002　名古屋市中区丸の内 3-6-27　EBSビル ☎ 052-962-3045
　　　　　　　　FAX 052-951-9065　振替・00880-1-59001
〒101-0051　東京連絡所・千代田区神田神保町 1-32-2 南部ビル302号
　　　　　　　　☎ 03-3268-3470

落丁本・乱丁本はお取替します　　　　　　ISBN4-654-00102-6
Ⓒ ART EDUCATION INSTITUTE 2004, Printed in Japan